Petit à petit

Je deviens flexitarien

Éditions Kiwi
16, rue de Lancry, 75010 Paris

Direction : Édouard Frison-Roche
Direction éditoriale : Katia Kaloun
Édition : Alix Putavy
Direction artistique et mise en pages : Charlotte Thomas
Photographie : Thibault Albert – Tibophoto
Stylisme : Séverine Di Giulio – De Saison

ISBN : 978-2-37883-200-1

Séverine Di Giulio

Petit à petit

Je deviens flexitarien

Le livre
de cuisine
épicurien
pour les
flexitariens
en herbe

KiWi

Mes recettes simples et saines,
moins grasses et moins sucrées,
saison par saison, pour votre
bien-être et celui de la planète !

SOMMAIRE

Introduction

Je me souviens de mon petit corps d'enfant endormi sur un canapé pendant que mes parents chantaient, dansaient et riaient. Je me souviens de ces soirées légères et pleines de vie dans notre maison, de ces grandes tablées où famille et amis se retrouvaient pour manger, parler et s'amuser.

Cette joie de vivre, mes parents l'ont toujours entretenue et me l'ont transmise. Malgré les épreuves, ils m'ont appris que la vie est une fête et qu'il est toujours plus facile d'affronter les problèmes avec sourire et espoir.

Il y a cinq ans, ma vie a connu un nouvel élan. Étrangement, c'est en perdant une partie de moi que j'ai découvert d'autres ressources naturelles, que j'ai développé un besoin irrépressible de prolonger cette merveilleuse aventure qu'est la vie et une envie de mettre toutes les chances de mon côté pour la vivre le plus intensément possible et en étant en forme.

Le sport est redevenu mon oxygène et mes goûts alimentaires ont changé. Toujours gourmande, j'ai continué à cuisiner généreusement, mais en réduisant ma consommation de gras et de sucre. Comme je ne supporte aucun interdit ni aucune frustration, je ne bannis aucun ingrédient, mais je recherche constamment des aliments de substitution.

Le flexitarisme, c'est ça ! On mange plus sainement et, de fait, on se sent mieux dans son corps et dans sa tête. À aucun moment, on ne ressent ce terrible sentiment de restriction. C'est une cuisine logique, qui a du sens et qui met en application ce que tout le monde sait déjà, sans oser le faire.

Dans cet ouvrage, je propose des recettes saines et de saison, je vous présente de nouveaux ingrédients, des super aliments, et je vous livre des astuces végétales, pour des préparations solos ou pas...

Qu'est-ce que le flexitarisme ?

Si vous n'aimez pas les frustrations et que, pour vous, manger rime avec plaisir et bien-être, alors le flexitarisme est fait pour vous. Ce terme moderne représente ce que tout le monde sait déjà sur la nutrition sans vraiment l'appliquer. En effet, choisir le flexitarisme, c'est décider de réduire sa consommation de viande et de poisson, pour se concentrer davantage sur le végétal.

De nos jours, cela signifie également encourager une agriculture raisonnable et raisonnée, opérer un réel retour aux sources mettant en avant les aliments naturels, les légumes et les fruits mais aussi les poissons, les volailles et les viandes de préférence bio, d'animaux élevés sainement et le plus près possible de chez vous. C'est également comme cela que je perçois ce mode de vie.

Grâce au flexitarisme, on mange de façon plus équilibrée et, de fait, on se sent mieux dans son corps et dans sa tête. Plus aucune culpabilité !

Ma petite épicerie

Ouvre-moi tes placards, je te dirai qui tu es...

Pour rééquilibrer son alimentation et cuisiner sainement au quotidien, il y a quelques aliments aux puissantes vertus dont vous ne pouvez pas vous passer. En plus d'acheter régulièrement vos fruits et légumes au marché ou chez un primeur, de privilégier l'achat de la viande et du poisson chez de petits commerçants locaux, vous pouvez tout à fait avoir un stock de produits incontournables. Cette liste n'est pas exhaustive mais, avec ces quelques ingrédients, vous pourrez réaliser de belles recettes saines et savoureuses, même à la dernière minute !

Épices & condiments

- Baies roses
- Bouillon de légumes
- Cannelle (en bâton et en poudre)
- Cardamome
- Clou de girofle
- Colombo
- Coriandre moulue
- Cumin
- Curcuma
- Curry
- Fleur de sel
- Gingembre
- Muscade
- Paprika
- Piment moulu
- Poivre Timut
- Quatre épices
- Ras el-hanout
- Safran

Herbes & graines *(fraîches, déshydratées ou surgelées)*

- Basilic
- Cerfeuil
- Ciboulette
- Citronnelle
- Coriandre
- Estragon
- Mélange thaï
- Origan
- Romarin
- Persil

Légumes & légumineuses

- Ail
- Haricots rouges
- Lentilles (vertes, blondes ou corail)
- Maïs
- Oignon
- Pois chiches
- Tomates (concassées, pelées ou en coulis)

Céréales

- Blé
- Épeautre
- Flocons d'avoine
- Seigle
- Orge
- Riz

Graines & fruits à coque

- Amandes
- Noisettes
- Noix
- Noix de pécan
- Noix de cajou
- Noix de macadamia
- Graines de chia
- Graines de lin
- Graines de courge
- Graines de sésame
- Graines de pavot

Farines

- Farine de blé complet
- Farine de châtaigne
- Farine d'épeautre
- Farine de maïs
- Farine de riz
- Farine de sarrasin

Les +++

- Poudre à lever ou levure
- Chocolat pâtissier noir
- Vanille en poudre
- Sirop d'agave
- Sirop d'érable
- Beurre de cacahuète
- Purée d'amande

Le gras et le sucre

Un peu, beaucoup, avec parcimonie !

Loin de moi l'idée de vous faire la morale ou de vous interdire quoi que ce soit. Je ne suis ni médecin ni diététicienne, je vous parle simplement d'épicurienne à épicuriens, pour que vous puissiez continuer à vous faire plaisir sans culpabiliser. Si le sucre et les matières grasses sont consommés sans excès et dans le cadre d'une alimentation équilibrée et saine, ils ne sont pas à proscrire. Il est toutefois intéressant de se renseigner sur les différentes formes de sucre et de gras afin d'en maîtriser la consommation, de maintenir un équilibre alimentaire et, de fait, de favoriser une bonne forme physique.

Les sucres

En poudre

- Sucre de canne
- Sucre complet
- Sucre de coco
- Stévia
- Sucre de bouleau
- Sucre de fleur de sureau

Liquides

- Miel
- Sirop d'agave
- Sirop d'érable

Les bons gras

Les huiles/la margarine

- Huile d'olive
- Huile de colza
- Huile de pépin de raisin
- Huile de coco
- Huile de sésame

Les vinaigres

- Vinaigre de cidre
- Vinaigre balsamique
- Vinaigre de riz

L'automne

Un peu de douceur

Œuf cocotte aux épinards

crème de soja au curry et gomasio

végétarien

Pour 4 personnes | Préparation : 15 minutes | Cuisson : 20 minutes

INGRÉDIENTS :

- 4 œufs
- 200 g d'épinards frais
- 20 cl de crème de soja
- 2 c. à c. de curry en poudre
- 4 c. à c. de gomasio
- Fleur de sel, poivre

1. Équeutez les épinards et rincez-les. Égouttez-les puis plongez-les dans une casserole d'eau froide salée, portez à ébullition et laissez cuire environ 4 minutes.
2. Égouttez à nouveau les épinards et faites-les tremper quelques minutes dans un bol d'eau glacée.
3. Badigeonnez des ramequins d'huile d'olive à l'aide d'un pinceau et tapissez-les avec les épinards. Cassez les œufs et incorporez-les dans les ramequins en essayant de ne garder que la moitié du blanc.
4. Ajoutez la crème de soja, le curry, la fleur de sel, le poivre et parsemez de gomasio.
5. Enfournez à 180 °C pendant 15 minutes et servez avec une petite salade et quelques mouillettes au pain de seigle ou de maïs.

FOCUS PRODUIT

Le gomasio est un parfait substitut au sel. Ce condiment traditionnel japonais est composé d'un mélange de graines de sésame complètes et de sel marin.

En japonais, gomasio vient de goma (sésame) et shio (sel).

Commandez votre gomasio sur sobaetsarrasin.com

carottes au cumin

sésame et coriandre

végétarien

Pour 4 personnes | Préparation : 15 minutes | Cuisson : 25 minutes

INGRÉDIENTS :

- 800 g de carottes
- 1 grosse poignée de pousses d'épinard
- 1 oignon
- ½ botte de coriandre
- 1 c. à s. de cumin
- Eau
- Huile d'olive, sel, poivre

1. Lavez, pelez et émincez finement les carottes et les oignons.
2. Faites revenir les oignons avec un trait d'huile d'olive, ajoutez les carottes et faites dorer. Saupoudrez de cumin, salez et poivrez.
3. Ajoutez de l'eau à mi-hauteur et portez à ébullition. Baissez le feu et laissez cuire environ 20 minutes, à couvert.
4. Ajoutez les pousses d'épinards et laissez sur le feu 3 ou 4 minutes supplémentaires.
5. Servez en verrine apéritive ou en accompagnement d'un poisson ou d'une viande.

ASTUCE CULINAIRE

Pour un plat végétarien plus consistant, complétez-le avec des cubes de courge, et/ou des choux de Bruxelles cuits à l'eau puis poêlés à l'huile d'olive, et/ou du blé de riz complet.

crumble de butternut

farine de châtaigne, gorgonzola et zestes d'orange

végétarien

Pour 6 personnes | Préparation : 20 minutes | Cuisson : 40 minutes

INGRÉDIENTS :

- 1 kg de butternut
- 2 échalotes
- 100 g de gorgonzola
- 50 g de farine de châtaigne
- 50 g de farine de riz
- 100 g de parmesan
- 150 g de beurre demi-sel ou margarine
- 10 cl de crème de soja
- 1 orange
- Sel, poivre

1. Préchauffez le four à 180 °C (th.6). Lavez le butternut, ôtez la peau et les pépins et coupez-le en petits cubes. Faites-les cuire à la vapeur durant 15 minutes.
2. Pelez et émincez les échalotes, faites-les suer à la poêle avec un filet d'huile d'olive. Ajoutez les cubes de butternut, salez, poivrez et recouvrez de crème de soja. Réservez.
3. Pour la pâte à crumble, mélangez du bout des doigts les deux farines, le parmesan et le beurre froid (ou la margarine) coupé en morceaux.
4. Huilez au pinceau le fond de votre plat, versez-y le butternut et les échalotes cuits, puis recouvrez de zestes d'orange, de gorgonzola et de pâte à crumble. Enfournez 20 minutes.

ASTUCE CULINAIRE

Vous pouvez remplacer le parmesan par du pecorino, un autre fromage italien au goût plus piquant. Il peut aussi être aromatisé au poivre ou bien à la truffe, ou encore au piment.

Nouilles soba
sarrasin et légumes verts

végétarien
sans gluten

Pour 4 personnes | Préparation : 30 minutes | Cuisson : 15 minutes

INGRÉDIENTS :

- 350 g de nouilles soba au sarrasin (100 %)
- 1 brocoli
- 250 g d'épinards
- 1 chou kale
- 50 cl de bouillon miso
- 10 cl de sauce soja
- 1 c. à s. d'huile d'olive
- 1 c. à s. de gomasio

1. Lavez le brocoli et détachez les fleurettes. Lavez et équeutez les épinards. Lavez, dénervez et émincez le chou kale. Faites dorer le brocoli et le chou kale dans l'huile d'olive pendant environ 5 minutes en remuant.
2. Versez le bouillon sur les légumes, portez à ébullition. Incorporez les épinards et laissez cuire 5 minutes, puis ajoutez les nouilles et poursuivez la cuisson 1 minute seulement.
3. Égouttez, recouvrez de sauce soja, servez dans des bols individuels et parsemez de gomasio.

FOCUS PRODUIT

Les nouilles soba sont composées de farine de sarrasin et d'eau. Elles sont fabriquées artisanalement, leur pâte est pétrie avec précaution. Les soba sont très fines, plates, de couleur brun gris, ont un léger goût de noisette et se dégustent chaudes en bouillon ou froides en salade.

Commandez vos nouilles soba et votre gomasio sur sobaetsarrasin.com

Tartare de dorade

avocat et frites de potimarron

poisson

Pour 4 personnes | Préparation : 30 minutes | Cuisson : 30 minutes

INGRÉDIENTS :

- 1 potimarron
- 400 g de filet de dorade
- 1 avocat
- 1 citron vert
- 2 pincées de piment d'Espelette
- 2 c. à s. d'huile de sésame
- 1 c. à s. d'huile de colza
- Fleur de sel, poivre Timut

1. Préchauffez votre four à 200° (th.7). Lavez, pelez et coupez le potimarron en frites. Mélangez-les avec l'huile de colza, salez et poivrez. Disposez les frites sur une plaque recouverte de papier cuisson et enfournez 30 minutes. Pensez à bien surveiller.
2. Pendant ce temps, coupez les filets de dorade en petits cubes, en vérifiant bien qu'il n'y a pas d'arête. Ouvrez l'avocat en deux, enlevez le noyau et récupérez la chair à l'aide d'une c. à s.. Coupez-la en petits cubes également.
3. Mélangez les cubes de dorade et d'avocat avec de l'huile de sésame (à défaut de l'huile d'olive), le jus du citron vert et le piment d'Espelette. Salez et poivrez. Réservez au frais.
4. Servez bien frais avec de la coriandre ciselée et les frites de potimarron. Accompagnez d'une salade de mâche.

RECETTE BONUS

Vous pouvez accompagner votre plat d'un dip yaourt sésame. Pour cela, mélangez dans un bol 100 g de yaourt grec, 1 c. à s. de purée de sésame, un trait de jus de citron, 1 c. à c. d'huile de sésame, du sel et du poivre et, comme on dit au Canada, faites « trempette ».

Tajine de pintade

fenouil, poire et miel

viande

Pour 6 personnes | Préparation : 20 minutes | Cuisson : 45 minutes

INGRÉDIENTS :

- 1 pintade coupée en morceaux
- 1 bulbe de fenouil
- 2 oignons
- 3 poires
- 1 bouquet de coriandre
- 1 cube de bouillon de légumes
- 2 c. à c. de ras el-hanout
- 1 c. à c. de cannelle
- 1 c. à c. de gingembre
- 2 pincées de piment
- 4 c. à s. de miel
- 50 g de cacahuètes nature
- Huile d'olive, sel, poivre

1. Pelez et émincez les oignons. Lavez et coupez le fenouil en tranches fines. Réservez.
2. Délayez le cube de bouillon dans 40 cl d'eau.
3. Faites torréfier vos épices dans l'huile d'olive, ajoutez les oignons et le fenouil et faites dorer. Incorporez les morceaux de volaille. Laissez-les colorer, ajoutez le miel, salez, poivrez et laissez cuire 5 minutes. Recouvrez avec le bouillon de légumes et portez à ébullition. Réduisez le feu et laissez cuire 35 minutes.
4. Lavez, pelez et coupez les poires en 4. Déposez-les dans le plat et prolongez la cuisson pendant 5 minutes.
5. Dressez avec des cacahuètes concassées et de la coriandre fraîche ciselée.

RECETTE BONUS

Pour faire votre ras el-hanout maison, placez dans un mixeur 1 c. à c. de sel, une de poivre, de cumin, de gingembre moulu et de curcuma, ½ c. à c. de cannelle, de coriandre moulue, de piment, de muscade, 1 clou de girofle. Mixez jusqu'à l'obtention d'une poudre.

Conchiglioni au pesto vert

brocoli et roquette, ricotta et noix de macadamia

végétarien

Pour 6 personnes | Préparation : 30 minutes | Cuisson : 25 minutes

Ingrédients :

- 700 g de petites conchiglioni

Pour le pesto

- 1 brocoli
- 150 g de roquette
- 250 g de ricotta
- 50 g de parmesan râpé (végétal si besoin)
- 50 g de noix de macadamia
- ½ gousse d'ail
- 5 cl d'huile d'olive
- Sel, poivre

1. Faites cuire les pâtes dans l'eau bouillante salée, environ 12 minutes.
2. Pendant ce temps de cuisson, réalisez le pesto. Lavez, coupez et faites cuire le brocoli dans l'eau bouillante pendant 10 minutes. Lavez, équeutez la roquette et mixez-la avec le brocoli cuit. Ajoutez l'ail pelé, l'huile d'olive, la ricotta et les noix de macadamia, salez légèrement et mixez à nouveau.
3. Égouttez et servez les pâtes bien chaudes avec le pesto et du parmesan fraîchement râpé.

ASTUCE CULINAIRE

Pour une version plus traditionnelle du pesto, mixez 2 bottes de basilic, de l'ail, 1 c. à s. de pignons de pin et de l'huile d'olive. Attention, c'est plus gras !

Chili au sarrasin

coleslaw chou blanc et carotte, sans mayo

végétarien

Pour 4 personnes | Préparation : 10 minutes | Cuisson : 20 minutes

INGRÉDIENTS :

Pour le chili

- 200 g de sarrasin
- 500 g de tomates pelées
- 250 g de haricots rouges
- 150 g de maïs
- 2 c. à c. de cumin
- 2 pincées de piment en poudre (+/- selon vos goûts)
- 1 oignon
- ½ botte de persil plat
- Huile d'olive, sel, poivre

Pour le coleslaw

- 1 carotte
- ½ chou blanc ou rouge
- 100 g de fromage blanc 0 %
- 2 c. à s. de vinaigre de cidre
- 2 c. à c. de moutarde à l'ancienne
- 1 c. à c. de sirop d'agave
- Sel, poivre

1. Rincez, égouttez et faites cuire le sarrasin environ 7 minutes dans une casserole d'eau bouillante salée. Égouttez et réservez.
2. Pelez, émincez et faites dorer l'oignon dans 1 c. à c. d'huile d'olive.
3. Ajoutez le sarrasin, les haricots rouges et le maïs préalablement rincés, puis les tomates pelées, les épices et laissez mijoter à feu moyen, pendant 10 minutes.
4. Pour réaliser le coleslaw, rincez, pelez et râpez la carotte. Rincez, dénervez et ciselez le chou.
5. Mélangez le fromage blanc avec la moutarde à l'ancienne, le sirop d'agave et le vinaigre de cidre, puis salez et poivrez. Versez sur les légumes crus et mélangez à nouveau.
6. Dégustez le chili accompagné du coleslaw.

ASTUCE CULINAIRE

Réchauffé, c'est meilleur ! Et pour une version non-végétarienne, faites un chili con carne en remplaçant le sarrasin par de la viande hachée. Demandez à votre boucher environ 500 g pour 4 personnes.

Spaghetti bolo végé

légumes et lentilles

végétarien

Pour 4 personnes | Préparation : 15 minutes | Cuisson : 1 heure

INGRÉDIENTS :

- 500 g de spaghetti
- 500 g de coulis de tomates
- 3 tomates fraîches (si c'est la saison sinon en conserve)
- 2 carottes
- 1 branche de céleri
- 1 oignon
- 1 gousse d'ail
- 1 c. à s. de sauce soja sucrée
- 1 c. à c. de muscade moulue
- 200 g de lentilles (blondes, corail ou vertes ou mix)
- 1 cube de bouillon de légumes
- Thym, laurier et persil plat

1. Rincez les lentilles et faites-les cuire dans l'eau bouillante salée environ 15 minutes.
2. Pendant ce temps, lavez, pelez et coupez les légumes en petits dés. Faites-les dorer dans une poêle bien chaude avec deux c. à s. d'huile d'olive.
3. Concassez les tomates.
4. Ajoutez une pincée de noix de muscade, salez et poivrez. Ajoutez le coulis de tomates, les tomates, la sauce soja, le thym, le laurier et laissez mijoter 25 minutes.
5. Incorporez les lentilles et laissez cuire encore 15 minutes.
6. Faites bouillir l'eau avec le cube de bouillon et plongez les pâtes, laissez cuire le temps indiqué sur le paquet. Égouttez et servez avec la sauce bolognaise et du persil plat ciselé.

ASTUCE CULINAIRE

Vous pouvez remplacer les pâtes au blé par des pâtes complètes ou une courge spaghetti.

Cheesecake sans cuisson

citron vert et chocolat blanc

sucré

Pour 6/8 personnes | Préparation : 30 minutes | Cuisson : 2 heures

INGRÉDIENTS :

Pour le fond du gâteau

- 250 g de gâteaux thé
- 60 g de purée d'amande
- 60 g d'huile de coco
- 1 noix de beurre

Pour la crème

- 500 g de fromage blanc 0 %
- 3 c. à s. de miel
- 80 g de chocolat blanc
- 1 c. à c. de vanille en poudre
- Jus d'un demi-citron vert

Option nappage

- 1 citron vert
- 2 g d'agar-agar (ou gélatine végétale)
- 60 g de sucre végétal
- 2 gouttes d'huile de basilic

1. Mixez les gâteaux, la purée d'amande et l'huile de coco fondue. Tapissez le fond d'un moule à manqué avec du papier cuisson, beurrez les parois puis versez la préparation.
2. Mélangez le fromage blanc, le miel, la vanille puis le zeste et le jus de citron vert ainsi que le chocolat blanc fondu. Versez dans le moule et laissez reposer au réfrigérateur au moins deux heures.
3. Si vous optez pour un nappage au citron, portez à ébullition le jus d'un citron vert puis, hors du feu, mélangez-le avec de l'agar-agar ou de la gélatine végétale, le sucre et l'huile de basilic. Une fois refroidi, versez le nappage sur le cheesecake en fine couche et remettez au réfrigérateur.

FOCUS PRODUIT

Les huiles essentielles peuvent être utilisées en cuisine, notamment l'huile de basilic qui apporte de la fraîcheur aux plats salés et sucrés. Elle est à utiliser avec parcimonie, car son goût est beaucoup plus prononcé sous forme d'huile que sous forme d'herbe.

1

2

3

4

Mousse au chocolat

tonka et clémentine, sans sucre

sucré

Pour 6 petits pots | Préparation : 15 minutes | Réfrigération : 30 minutes

INGRÉDIENTS :

- 3 blancs d'œuf
- 200 g de chocolat noir
- 50 g de margarine végétale demi-sel (ou beurre demi-sel)
- 20 cl de crème de soja liquide
- 1 fève tonka
- 1 clémentine
- 1 pincée de fleur de sel

1. Faites fondre le chocolat et la margarine, remuez et réservez.
2. Salez les blancs et montez-les en neige. Incorporez-les délicatement au chocolat fondu à l'aide d'une spatule, puis ajoutez la crème de soja et mélangez.
3. Râpez la fève tonka et zestez la clémentine dans la préparation, remuez et placez au réfrigérateur. Sortez-la 30 minutes avant de servir, zestez à nouveau la clémentine pour décorer et accompagnez de petits gâteaux secs.

FOCUS PRODUIT

La fève tonka est une petite graine aromatique au léger goût de vanille qui apporte énergie et tonus. Vous la trouverez au rayon pâtisserie des grandes surfaces, ou dans les épiceries fines et/ou bio.

Compote de poire
sans sucre, granola maison

sucré
sans gluten

Pour 4 personnes | Préparation : 20 minutes | Cuisson : 45 minutes

INGRÉDIENTS :

- 5 poires
- ½ citron
- 2 pincées de mélange 4 épices

Pour 500 g de granola

- 350 g de flocons d'avoine ou de petit épeautre
- 80 g d'amandes
- 80 g de noisettes
- 80 g de noix de pécan
- 5 c. à s. de sirop d'agave
- 6 c. à s. d'huile de coco

Options pour ajouter au granola

- 100 g de chocolat noir
ou 50 g de graines de sésame
ou 50 g de graines de tournesol
ou 50 g de graines de courges
ou 80 g de cranberries
ou zeste d'orange

1. Pour réaliser le granola, concassez les fruits secs et réservez.
2. Faites chauffer quelques minutes l'huile de coco et le sirop d'agave dans une casserole à feu doux.
3. Mélangez les flocons d'avoine et les fruits secs, puis versez la préparation chaude dessus. Laissez refroidir et peu avant d'ajouter l'option choisie et enfournez 10 minutes à 160° (th.5). Retournez à l'aide d'une fourchette, enfournez 10 nouvelles minutes. Retournez encore et enfournez pour 5 dernières minutes (10 si vous aimez bien grillé). Laissez refroidir.
4. Pour réaliser la compote, lavez, pelez, épépinez et coupez les poires en morceaux. Faites-les cuire 20 minutes dans un fond d'eau citronnée. Mixez le tout grossièrement pour conserver quelques morceaux de fruits et ajoutez deux pincées de mélange 4 épices.
5. Dressez dans des ramequins individuels et parsemez de granola.

ASTUCE CULINAIRE

Vous pouvez conserver l'excédent de granola dans un pot en verre et le déguster le matin avec un peu de lait, un yaourt nature, un fromage blanc, ou le grignoter tout simplement.

L'hiver

Un peu de réconfort !

Velouté de topinambour

crème coco et muscade

végétarien

Pour 4 personnes | Préparation : 20 minutes | Cuisson : 35 minutes

INGRÉDIENTS :

- 800 g de topinambours
- Gressins au romarin (faits maison avec à la recette bonus)
- 2 échalotes
- 30 g de margarine
- 20 cl de crème de soja ou coco
- 2 pincées de noix de muscade
- Fleur de sel, poivre

1. Pelez, émincez et faites revenir les échalotes dans la margarine.
2. Lavez, pelez et coupez les topinambours en morceaux, ajoutez-les aux échalotes, salez et poivrez. Couvrez d'eau à hauteur et laissez cuire environ 30 minutes.
3. Mixez et ajoutez la crème et la cannelle, mélangez et servez bien chaud avec des quelques gressins au romarin faits maison ou achetés en boutique.

RECETTE BONUS

Pour faire vos gressins maison, mélangez de la farine d'épeautre (50 g), de la levure boulangère (1 c. à c.), de l'eau tiède (30 g), de l'huile d'olive (1 c. à c.), du romarin séché (1 c. à c.) et du sel, pétrissez pendant 10 minutes au moins. Étalez la pâte et découpez des bandes d'½ cm de large. Roulez-les sur elles-mêmes, posez-les sur une plaque recouverte de papier sulfurisé et enfournez 10 minutes à 180 °C (th.6).

Bouillon d'hiver

orge perlé et radis noir

végétarien

Pour 4 personnes | Préparation : 15 minutes | Cuisson : 25 minutes

INGRÉDIENTS :

- 150 g d'orge perlé
- 1 radis noir
- ½ botte de chou kale
- 2 oignons
- 2 carottes
- 1 citron vert
- ½ botte d'estragon ou de coriandre
- 10 g de gingembre
- 1 cube de bouillon de légumes
- Graines de sésame
- Huile d'olive

1. Pelez et émincez les oignons et le gingembre. Lavez, pelez et coupez les carottes en bâtonnets biseautés. Rincez et tranchez le radis noir à l'aide d'une mandoline.
2. Faites dorer les oignons puis les carottes, le chou kale et le radis noir, salez et poivrez. Ajoutez l'orge perlé rincé, le cube de bouillon de légumes et couvrez d'eau. Laissez mijoter environ 20 minutes.
3. Ajoutez un filet de citron vert, servez et parsemez de graines de sésame et de coriandre ciselée grossièrement.

ASTUCE CULINAIRE

Pour avoir un plat fondant et croquant, n'hésitez pas à ajouter au dernier moment quelques bâtonnets fins de carottes, du chou kale ciselé et des tranches fines de radis noirs crus.

MAM

Ravioles de sarrasin au bar

poisson

purée de cajou et crème de champignons

Pour 4 personnes | Préparation : 30 minutes | Cuisson : 5 minutes

INGRÉDIENTS :

Pour la farce

- 200 g de filet de bar sans peau
- 3 tiges de coriandre
- 3 tiges de cives
- 20 g de purée de cajou
- 1 citron vert
- 125 g de feuilles de ravioles chinoises (24 feuilles)
- 1 jaune d'œuf
- Sel, poivre

Pour la crème de champignons

- 400 g de champignons de Paris
- ½ gousse d'ail
- 1 échalote
- 20 cl de crème de soja
- Piment d'Espelette
- Sel, poivre
- 1 trait huile d'olive ou wok thaï

1. Pour préparer la farce, vérifiez qu'il n'y a plus d'arête dans les filets de bar, sinon ôtez-les avec une pince, puis coupez-les filets en petits cubes.
2. Lavez les cives et émincez-les. Lavez, séchez et ciselez la coriandre. Mélangez les cubes de poisson avec les zestes de citron vert, les ¾ des cives, la coriandre et la purée de cajou, salez, poivrez et mélangez.
3. Étalez les feuilles de ravioles sur un plan de travail légèrement fariné et découpez des cercles à l'aide d'un emporte-pièce. Incorporez l'équivalent d'une c. à c. de farce sur la moitié de la raviole, humidifiez le contour avec un jaune d'œuf battu et détendu avec un peu d'eau et repliez l'autre partie de la pâte. Faites cuire 3 minutes à la vapeur.
4. Pour la crème, essuyez les champignons avec un papier absorbant, coupez le pied et enlevez la peau. Coupez-les en 4 et faites-les revenir avec ½ gousse d'ail et 1 échalote pelée et coupée en deux. Salez, poivrez et mixez. Ajoutez la crème de soja et mixez à nouveau.

5 Pour le dressage, servez la crème de champignon dans le fond d'un bol ou d'une assiette creuse, puis les ravioles, ajoutez le reste des cives et des échalotes, et saupoudrez de piment d'Espelette. Terminez avec quelques feuilles de coriandre ciselée.

ASTUCE CULINAIRE

J'ai utilisé des ravioles de sarrasin, mais vous pouvez tout à fait préparer les ravioles avec de la pâte de riz disponible en boutique asiatique.

Saint-Jacques snackées

gingembre, purée de céleri au lait de coco

poisson

Pour 4 personnes | Préparation : 20 minutes | Cuisson : 25 minutes

INGRÉDIENTS :

- 20 noix de Saint-Jacques sans corail
- 1 c. à s. de gingembre moulu
- ½ céleri-rave
- 1 c. à c. de citronnelle surgelée
- 1 brique de crème de coco
- Feuilles de coriandre ou aneth
- Huile pour wok thaï ou sésame
- Graines germées
- Sel, baies roses

1. Lavez et pelez le céleri. Coupez-le en morceaux et faites-le cuire dans l'eau bouillante environ 20 minutes. Mixez-le avec la crème de coco et la citronnelle, salez et poivrez.
2. Passez les noix de Saint-Jacques sous l'eau et séchez-les dans du papier absorbant.
3. Faites chauffer une poêle avec un trait d'huile pour wok thaï et placez les noix de Saint-Jacques dans la poêle. Ajoutez le gingembre, salez et poivrez. Snackez-les 3 minutes sur une face, retournez-les et snackez seulement une minute. Ôtez les noix de Saint-Jacques et versez la crème de coco dans la poêle, mélangez et réservez.
4. Servez les noix de Saint-Jacques accompagnées de la purée de céleri, de la crème, de quelques baies roses et de graines germées.

ASTUCE CULINAIRE

Si le goût du céleri est trop prononcé, ajoutez une pomme de terre pour adoucir la purée.

Tatin de butternut légère

thym et miel

végétarien

Pour 4 personnes | Préparation : 20 minutes | Cuisson : 40 minutes

INGRÉDIENTS :

- ½ butternut
- 1 litre de bouillon de légumes
- 2 c. à c. de miel
- 1 c. à c. de sauce soja sucrée
- 3 feuilles de brick
- 1 noix de margarine
- Thym
- Fleur de sel

1. Épluchez et coupez la courge en tranches et faites-les cuire dans un litre de bouillon de légumes pendant 10 minutes. Égouttez-les.
2. Mélangez le miel, la sauce soja sucrée et la fleur de sel. Déposez ce caramel au fond de votre moule à manqué, puis les tranches de butternut, et finissez par une partie du thym effeuillé.
3. Enfournez à 180 °C (th.6) pendant 30 minutes, sortez du four et déposez sur le dessus les feuilles de brick découpées à la taille du moule, puis badigeonnez-les de margarine à l'aide d'un pinceau.
4. Enfournez à nouveau et faites colorer les feuilles de brick. Sortez du four et renversez la tatin sur un plat. Décorez avec le reste du thym et servez.

RECETTE BONUS

Pour réaliser la crème fouettée à la cardamome, mélangez 20 cl de crème liquide froide et 1 c. à c.. de cardamome moulue. Fouettez jusqu'à l'obtention d'une forme de yaourt, ajoutez le sirop d'érable et fouettez à nouveau.

Burger façon tajine

poulet et citron confit

viande

Pour 6 personnes | Préparation : 40 minutes | Cuisson : 30 minutes

INGRÉDIENTS :

Pour le pain

- 450 g de farine d'épeautre
- 50 g de farine de maïs
- 16 g de levure sèche
- 5 g de sucre en poudre
- 10 g de sel
- 20 g de sirop d'érable
- 200 ml d'eau tiède
- 75 ml de lait végétal tiède
- 1 œuf
- 30 g de margarine

Pour la dorure

- 1 œuf
- Graines de pavot

Pour la garniture

- 2 blancs de poulet
- 1 c. à c. de ras el-hanout
- ½ c. à c. de cannelle
- 1 c. à c. de gingembre
- 2 pincées de piment
- 3 citrons confits
- 1 poignée de pousses d'épinards
- 1 oignon rouge
- Coriandre fraîche
- 1 fromage blanc
- 2 pincées de curry
- Huile d'olive

1. Pour réaliser les pains burger, préchauffez votre four à 30 °C (th.1) pendant 10 ou 15 minutes puis éteignez-le.
2. Pendant ce temps, mélangez les farines, le sel, le sucre et la levure sèche. Ajoutez l'œuf et la margarine fondue, mélangez du bout des doigts, puis incorporez le lait et l'eau petit à petit. Mélangez à nouveau.
3. Boulez, divisez-en 4 ou 6 selon la taille de burger souhaitée et enfournez une heure (four éteint) pour la pousse.
4. Sortez les pains du four et badigeonnez-les de jaune d'œuf ou de lait végétal et ajoutez les graines de pavot. Enfournez cette fois à 180° (th.6) pendant 15 ou 20 minutes selon votre four. Surveillez régulièrement.
5. Mélangez le fromage blanc avec le curry et réservez.
6. Coupez les blancs de poulet en lamelles et faites-les dorer dans un filet d'huile d'olive. Baissez le feu, saupoudrez d'épices, salez,

poivrez et laissez cuire 3 minutes d'un côté et 2 de l'autre. Ajoutez les citrons confits, laissez cuire 1 minute et réservez.

7. Pelez et ciselez l'oignon.

8. Sortez les pains du four, laissez tiédir avant d'ouvrir et garnissez. Commencez par le fromage blanc au curry puis les épinards, le poulet, les citrons confits, l'oignon rouge et terminez par la coriandre.

ASTUCE CULINAIRE

Pour un burger vegan, utilisez du lait d'avoine et 100 g de tofu soyeux.

Tartiflette légère

bacon et reblochon

viande

Pour 4 personnes | Préparation : 30 minutes | Cuisson : 1 heure

INGRÉDIENTS :

- 1 kg de pomme de terre (charlotte)
- 1 reblochon
- 150 g d'allumettes de bacon
- Quelques feuilles de salade verte
- 2 oignons blancs
- 15 cl de vin blanc sec ou eau
- 20 cl de crème de soja
- Huile d'olive
- Sel, poivre

1. Lavez et pelez les pommes de terre, faites-les cuire dans l'eau bouillante salée au moins 30 minutes et vérifiez la cuisson avec la pointe d'un couteau. Une fois prêtes, épluchez-les et coupez-les en fines rondelles.
2. Pelez et émincez finement les oignons. Faites-les revenir dans un trait d'huile d'olive, ajoutez les allumettes de bacon, faites dorer, déglacez au vin blanc (ou à l'eau selon votre choix) et laissez réduire.
3. Incorporez la crème de soja, poivrez et mélangez.
4. Préchauffez votre four à 180 °C (th.6). Disposez les rondelles de pomme de terre dans le fond d'un plat allant au four, puis la préparation crémeuse et terminez par des tranches fines de reblochon.
5. Enfournez 30 minutes en surveillant bien. Servez avec une salade verte, un filet d'huile d'olive et du jus de citron.

RECETTE BONUS

Pour une version encore plus légère, remplacez les pommes de terre par des topinambours, et pour une version sans viande, choisissez du tofu fumé pour remplacer les allumettes de bacon.

Cake au chocolat noir

sucré

purée de cajou et spiruline

Pour 4 à 6 personnes | Préparation : 20 minutes | Cuisson : 35 minutes

INGRÉDIENTS :

- 2 bananes
- 160 g de farine de riz
- 150 g de chocolat noir
- 100 g de sucre complet
- ½ sachet de levure chimique
- 3 œufs
- 50 g de margarine
- 50 g de purée de cajou
- 2 pincées de vanille en poudre
- 1 c. à c. de spiruline

1. Préchauffez le four à 180 °C (th.6). À l'aide d'une fourchette, épluchez les bananes avec 10 g de sucre et la vanille en poudre.
2. Faites fondre le chocolat noir.
3. Fouettez les œufs avec le sucre et ajoutez la farine et la levure, puis la margarine fondue et la purée de cajou. Incorporez les bananes écrasées et mélangez bien. Séparez la pâte en deux.
4. Dans l'une des pâtes, ajoutez la spiruline et, dans la seconde, le chocolat fondu. Versez les pâtes dans un moule à cake en alternant des couches des deux pâtes.
5. Enfournez à 180 °C (th.6) 35 ou 40 minutes (selon la puissance de votre four). Vérifiez bien la cuisson à l'aide de la lame d'un couteau. Laissez tiédir avant de le démouler.

FOCUS PRODUIT

La spiruline est une algue qui se consomme séchée et souvent réduite en poudre. Ce super aliment est riche en protéines, pigments, vitamines et oligo-éléments, et favorise le renforcement des défenses naturelles. Complément idéal d'une cure détox ou minceur (pour la perte de poids ou un rééquilibrage alimentaire), la spiruline revitalise et peut réduire la fatigue

Tiramisu nantais

citron jaune et petit beurre

sucré

Pour 4 personnes | Préparation : 15 minutes | Réfrigération : 1 heure

INGRÉDIENTS :

- 12 biscuits petits Lu au sel de Guérande
- 150 g de mascarpone
- 15 cl de crème de soja
- 80 g de lemon curd
- 50 g d'amandes effilées
- 1 citron jaune

1. Préparez votre crème au citron en mélangeant le mascarpone, la crème de soja et le lemon curd.
2. Écrasez les biscuits et disposez-les dans le fond de vos verrines, ajoutez la crème au citron et placez au réfrigérateur au moins une heure.
3. Juste avant de sortir les verrines, faites torréfier les amandes à la poêle sans ajouter de matière grasse. Sortez vos verrines et ajoutez les amandes en les écrasant un peu avec vos doigts. Zestez le citron sur les desserts.

ASTUCE

S'il vous reste de la crème au citron, elle s'associe aussi très bien avec un cake nature ou au chocolat, et même avec un fromage blanc 0 %.

Riz au lait de coco

mangue et menthe fraîche

sucré

Pour 4 personnes | Préparation : 20 minutes | Cuisson : 35 minutes

INGRÉDIENTS :

- 100 g de riz rond
- 40 cl de lait de coco
- 50 g de sucre complet
- 2 mangues
- Feuilles de menthe ou 1 citron vert

1. Rincez le riz, puis faites-le cuire 2 ou 3 minutes dans l'eau bouillante. Égouttez et réservez.
2. Portez le lait de coco à ébullition puis baissez le feu, incorporez le riz cuit et laissez mijoter à demi couvert environ 30 minutes.
3. Lavez, pelez et coupez les mangues en dés.
4. Quand le riz est cuit, ajoutez le sucre et mélangez.
5. Servez tiède avec les dés de mangues fraîches, quelques feuilles de menthe ciselée ou quelques zestes de citron vert.

ASTUCE CULINAIRE

Si vous manquez de temps, remplacez le riz rond par des flocons de riz, cela fonctionne tout aussi bien.

Sablés à la verveine

fromage blanc, vanille et agrume

sucré

Pour 4 personnes | Préparation : 30 minutes | Cuisson : 15 minutes
Réfrigération : 30 minutes

Ingrédients :

- 2 jaunes d'œufs
- 80 g de sucre complet
- 80 g de margarine végétale
- 120 g de farine de riz
- Fromage blanc 0 %
- 2 pincées de vanille en poudre
- 2 oranges
- 4 g de levure chimique
- Quelques feuilles de verveine
- Menthe fraîche
- 1 pincée de fleur de sel
- Éclats de pistaches (optionnels)

1. Mélangez les jaunes avec le sucre complet. Incorporez la margarine, la farine, la fleur de sel et la levure. Ajoutez les feuilles de verveine coupées en petits morceaux. Boulez, filmez et réfrigérez environ 30 minutes.
2. Sortez du réfrigérateur, farinez votre plan de travail et étalez la pâte sur environ 5 mm d'épaisseur. Découpez-la à l'aide de cercles à pâtisserie et déposez-les sur une plaque de four recouverte de papier sulfurisé.
3. Enfournez 10 ou 12 minutes à 180 °C (th.6) en surveillant bien. Pour qu'elles gardent leur forme arrondie, vous pouvez faire cuire les petites pâtes dans les cercles ou, si vous n'en avez pas assez, repassez les cercles autour de chaque sablé une fois sortis du four et tiédis.
4. Pendant la cuisson, mélangez le fromage blanc 0 % et la vanille en poudre et réservez.
5. Coupez les extrémités des oranges, pelez-les à l'aide d'un couteau bien aiguisé et enlevez toutes les peaux blanches. Tenez le fruit dans la paume de votre main et passez le couteau entre chaque membrane pour détacher les suprêmes.
6. Dressez les sablés en ajoutant une c.à.s de fromage blanc puis les suprêmes d'oranges et terminez avec la menthe fraîche ciselée.

RECETTE BONUS

Pour une version salée, remplacez le sucre par du parmesan, la vanille par une pincée de fleur de sel et une de piment d'Espelette, et la verveine par de la sauge ciselée. Pour une recette vegan, remplacez les jaunes d'œuf par 80 g de tofu soyeux.

Salade de fruits d'hiver

eau de fleur d'oranger et tuile

sucré

sans gluten

Pour 4 personnes | Préparation : 15 minutes | Cuisson : 10 minutes

INGRÉDIENTS :

- 2 oranges
- 2 pamplemousses
- 2 kiwis
- 1 c. à s. de fleur d'oranger
- 1 pincée de cannelle
- Menthe fraîche

Pour la tuile

- 35 g de margarine
- 50 g de sucre
- 50 g de farine de riz
- 2 blancs d'œufs
- 1 pincée de sel
- 1 poignée d'amandes effilées

1. Lavez et pelez les kiwis, puis coupez-les en petits morceaux. Lavez, pelez et prélevez les suprêmes d'agrumes. Ajoutez l'eau de fleur d'oranger, la cannelle et la menthe fraîche ciselée.
2. Pour réaliser les tuiles sans gluten, préchauffez votre four à 180 °C (th.6). Faites fondre la margarine dans un saladier. Ajoutez un à un les ingrédients et mélangez. À l'aide d'une c. à c. (une cuillère = une tuile), étalez la pâte en rond sur une plaque de four recouverte de papier cuisson. Ajoutez les amandes effilées. Enfournez à 180 °C (th.6) 7 ou 8 minutes, tout en surveillant bien. Sortez les tuiles du four et étalez-les sur un rouleau à pâtisserie afin qu'elles prennent une forme courbée.

RECETTE BONUS

Pour une version plus sucrée, vous pouvez récupérer le jus des agrumes et le faire chauffer avec 1 c. à c. de miel et 1 pincée de cannelle. Remuez, laissez tiédir et versez sur les fruits avant de servir avec des tuiles sans gluten.

Le printemps

Passionnément *healthy* !

Panna cotta au parmesan

tartare de tomates cerises et basilic

végétarien

Pour 4 personnes | Préparation : 15 minutes | Cuisson : 25 minutes
Réfrigération : 2 heures

INGRÉDIENTS :

- 25 cl de lait d'avoine sans sucre
- 25 cl de crème soja
- 80 g de parmesan
- 200 g de tomates cerises
- 2 g d'agar-agar
- Quelques feuilles de basilic
- Huile d'olive, poivre

1. Dans une casserole, mélangez la moitié du lait avec l'agar-agar, délayez et portez à ébullition tout en mélangeant. Ôtez la casserole du feu, ajoutez le reste du lait, le parmesan et mélangez bien. Passez au mixeur plongeant.
2. Répartissez dans des verrines et placez au réfrigérateur au moins deux heures.
3. Pendant ce temps, réalisez le tartare de tomates. Épépinez et coupez les tomates en petits dés. Mélangez-les au basilic ciselé, à l'ail émincé, à l'huile d'olive et poivrez.
4. Sortez les panna cottas une demi-heure avant de les servir. Ajoutez le tartare de tomates sur le dessus et servez avec des gressins ou des crackers aux graines.

FOCUS PRODUIT

Les laits végétaux, comme le lait de soja, d'avoine, d'amande ou autres, ont un apport en calcium et en protéines limité, mais ils demeurent une réelle alternative au lait de vache et facilitent la digestion.

Salade de patates douces

orange et burrata

végétarien

Pour 4 personnes | Préparation : 15 minutes | Cuisson : 20 minutes

INGRÉDIENTS :

- 4 grosses poignées de roquette
- 4 boules de burrata
- 3 oranges bios
- 2 patates douces
- 1 poignée de graines de courges
- 1 botte de radis ronds multicolores (ou roses)
- 4 traits d'huile d'olive
- Jus d'une orange
- ½ bouquet de menthe
- Fleur de sel, poivre Timut

Pour la vinaigrette

- 2 c. à s. d'huile d'olive
- 2 c. à c. de sirop d'agave
- 2 pincées de vanille en poudre

Pour les pickles d'oignon rouge

- 1 oignon rouge
- 50 g de sucre roux
- 50 g de balsamique blanc

1. Lavez la salade et faites-la sécher pendant le reste de la recette.
2. Lavez, pelez et coupez les patates douces en cubes. Faites-les cuire dans l'eau bouillante salée pendant 15 minutes. Égouttez-les et faites-les dorer à la poêle dans un trait d'huile d'olive.
3. Dans une casserole, mélangez le balsamique blanc et le sucre et faites chauffer.
4. Pendant ce temps, lavez, pelez et émincez l'oignon puis, quand le mélange est à ébullition, plongez les morceaux dans la casserole. Laissez refroidir, filmez et réservez au frais.
5. Lavez, pelez et prélevez les suprêmes avec un couteau bien aiguisé de deux des trois oranges. Pressez la troisième orange et réservez le jus.
6. Faites chauffer une poêle pour torréfier les graines de courges quelques minutes. Faites bien attention, cela brûle vite. Réservez.
7. Dressez votre salade à l'assiette en commençant par la roquette, les cubes de patates douces, les pickles d'oignon rouge, les suprêmes

d'orange, la boule de burrata (ouverte ou non selon votre préférence), les graines de courges et la menthe lavée et ciselée.

8 Arrosez de vinaigrette réalisée en mélangeant l'huile d'olive, le sirop d'agave, le jus d'orange restant et la vanille en poudre. Salez et poivrez, dégustez.

ASTUCE CULINAIRE

Pour une version plus consistante, servez avec du quinoa, du boulgour, de l'orge ou du sarrasin. Pour une version plus light, remplacez la burrata par de la féta.

carpaccio de betteraves

féta et menthe

végétarien

Pour 4 personnes | Préparation : 10 minutes | Cuisson : 0 minute si betterave cuite – 30 minutes si betterave crue

INGRÉDIENTS :

- 4 betteraves (cuites ou crues, en fonction de votre temps)
- 80 g de féta
- 3 brins de menthe

1. Si les betteraves sont crues, brossez-les et faites-les cuire avec la peau au moins 30 minutes.
2. Une fois que vous avez mis vos gants pour ne pas tacher vos mains, émincez finement les betteraves cuites à la mandoline (ou, à défaut, avec un couteau très bien aiguisé).
3. Écrasez la féta à la fourchette.
4. Disposez les tranches de carpaccio dans un grand plat familial ou à l'assiette, puis la féta au centre et ciselez de la menthe fraîche. Servez bien frais.

RECETTE BONUS

Vous pouvez accompagner le carpaccio d'une vinaigrette au sésame en mélangeant de l'huile de sésame, du vinaigre de cidre, de la moutarde et des graines de sésame doré.

Maki de blettes

oignon rouge, avocats et cacahuètes

végétarien

Pour 4 personnes | Préparation : 25 minutes | Cuisson : 20 minutes
Réfrigération : 45 minutes

INGRÉDIENTS :

- 4 grandes feuilles de blettes
- 400 g de riz japonais à sushi
- 200 g de tomates concassées
- 2 avocats
- 1 oignon rouge
- 1 gousse d'ail
- 1 poignée de cacahuètes
- 1 c. à s. de vinaigre de riz
- 1 pincée de piment en poudre
- 1 c. à c. de gingembre moulu
- 4 c. à s. de beurre de cacahuète non sucré (attention allergène)
- 1 c. à s. de sauce soja
- ½ botte de coriandre fraîche
- Huile pour wok thaï ou sésame

1. Lavez, dénervez et faites cuire les feuilles de blettes environ 10 minutes au cuiseur vapeur ou dans une casserole d'eau bouillante salée. Attention, les feuilles ne doivent pas se plier. Laissez refroidir.
2. Pendant ce temps, rincez le riz et faites-le cuire dans le même volume d'eau (ici, 400 g de riz, donc 400 ml d'eau) et portez à ébullition. Baissez le feu et laissez cuire 10 minutes. Laissez reposer à couvert encore 10 minutes. Mélangez le riz avec le vinaigre de riz et réservez.
3. Pelez, ciselez et faites fondre l'oignon rouge environ 2 minutes dans un trait d'huile de wok thaï ou de sésame. Ajoutez l'ail ciselé, le gingembre et le piment, puis les tomates concassées, la sauce soja et le beurre de cacahuète, et poursuivez la cuisson à feu doux quelques minutes en mélangeant régulièrement. Laissez refroidir.
4. Pour réaliser les makis, étalez les feuilles de blettes sur un set en bambou, placez le riz vinaigré sur les ¾ de la surface. Puis, au centre du riz ajoutez la préparation froide, quelques morceaux d'avocat et des feuilles de coriandre grossièrement ciselées.
5. Roulez la feuille de blette doucement en serrant un peu (pas trop pour ne pas casser la feuille). Une fois le rouleau terminé, placez-le au frais au moins 45 minutes.

6 Sortez le rouleau du réfrigérateur, coupez des tronçons de 4 cm et disposez-les dans un plat. Vous pouvez accompagner les makis de blettes de sauce tamari, sauce soja salée ou sucrée.

ASTUCE CULINAIRE

S'il vous reste une feuille de blette, utilisez-la pour combler les trous éventuels dans vos makis. Et pour que le riz ne vous colle pas aux doigts, trempez-les régulièrement dans un petit bol d'eau tiède.

Risotto de chou-fleur

champignons et amandes torréfiées

végétarien

Pour 6 personnes | Préparation : 30 minutes | Cuisson : 40 minutes

INGRÉDIENTS :

- 1 chou-fleur
- 1 oignon
- 10 champignons de Paris
- 500 ml de bouillon de légumes
- 1 verre de vin blanc
- 1 poignée d'amandes torréfiées
- 20 cl de crème de soja (ou crème d'Isigny, ou mascarpone si les calories ne vous font pas peur !)
- Persil plat
- Huile d'olive, fleur de sel, poivre Timut

1. Lavez, effeuillez et coupez le chou-fleur en tout petit morceau, pour rappeler les grains de riz.
2. Pelez et émincez l'oignon, faites-le dorer dans l'huile d'olive. Ajoutez le chou-fleur, salez et poivrez. Ajoutez le vin blanc puis le bouillon à hauteur et laissez cuire pendant 30 minutes. Ajoutez du bouillon si cela réduit trop vite et remuez de temps en temps.
3. Essuyez les champignons, ôtez le pied et émincez-les finement. Incorporez la crème (ou le mascarpone) au dernier moment, mélangez et laissez prendre 5 minutes, ajoutez les champignons et prolongez 2-3 minutes.
4. Pendant ce temps, faites torréfier les amandes à la poêle quelques minutes et réservez.
5. Pour le dressage, utilisez un emporte-pièce. Disposez-le dans une assiette creuse de préférence et versez le risotto.

RECETTE BONUS

Vous pouvez aussi faire cette recette avec des fruits de mer. Pour cela, il vous faut 12 langoustines, 12 noix de Saint-Jacques, 1 c. à c. de paprika, 5 cl de crème de soja et 1 pincée de vanille en poudre. Rincez les fruits de mer et mettez les langoustines à cuire à la vapeur 5 minutes. Décortiquez les langoustines et réservez. Snackez les noix de Saint-Jacques salées et poivrées dans de l'huile d'olive et à feu vif 3 minutes d'un côté. Retournez, ajoutez les langoustines et snackez l'ensemble 1 minute seulement. Parsemez de paprika et de poudre de vanille, incorporez la crème, mélangez 1 minute et servez. Dressez le risotto puis ajoutez les fruits de mer, la sauce, les amandes et les herbes ciselées.

Tagliatelles aux courgettes et aux asperges vertes

végétarien

ricotta et pain d'épices

Pour 4 personnes | Préparation : 30 minutes | Cuisson : 15 minutes

INGRÉDIENTS :

- 4 courgettes
- 2 bottes d'asperges vertes
- 250 g de ricotta
- 2 c. à s. de crème de soja
- Pecorino râpé
- 2 citrons jaunes
- 4 tranches de pain d'épices
- Beurre demi-sel
- Huile d'olive, fleur de sel, poivre Timut

1. Pour réaliser la crème d'asperges, lavez et coupez les têtes des asperges et réservez. Faites cuire le reste des asperges dans l'eau bouillante salée environ 10 minutes. Égouttez et mixez avec 200 g de ricotta et la crème de soja. Salez et poivrez.
2. Zestez les citrons et pressez-les, réservez les zestes et mélangez le jus à la crème.
3. Lavez et pelez les courgettes en tagliatelles (dans le sens de la longueur) avec un économe à large lame. Faites-les dorer dans un trait d'huile d'olive.
4. Coupez le pain d'épices en petits cubes et faites-les revenir dans une noix de beurre demi-sel.
5. Servez les légumes encore croquants, ajoutez la crème, les croûtons, parsemez de pecorino et de zestes de citron.

RECETTE BONUS

Vous pouvez réaliser votre pain d'épices avec 100 g de beurre, 1 œuf, 50 g de cassonade, 150 g de miel, 250 g de farine de riz, 2 c. à c. d'épices pour pain d'épices (gingembre, cannelle, badiane, cardamome, muscade, girofle), 1 sachet de poudre à lever. Faites chauffer le lait et le miel, puis ajoutez le beurre hors du feu. Dans un saladier, mélangez la farine tamisée, la poudre à lever et les épices. Incorporez la préparation tiède et mélangez. Ajoutez l'œuf et battez-le avec un fouet ou une fourchette. Versez dans un moule beurré et fariné et enfournez 1 heure à 160 °C (th.5). Vérifiez bien régulièrement et prolongez quelques minutes si vous préférez plus coloré.

Curry vert de poisson

petits pois, carottes et lait de coco

poisson

Pour 4 personnes | Préparation : 20 minutes | Cuisson : 30 minutes

Ingrédients :

- 800 g de poisson blanc (queue de lotte en morceaux et sans l'arête centrale, ou cabillaud coupé en morceaux)
- 100 g de pois gourmands surgelés (car le bon mois pour les frais, c'est juin)
- 100 g de petits pois écossés (frais ou surgelés)
- 1 oignon blanc (ou 3 oignons nouveaux)
- 1 gousse d'ail
- 40 cl de lait de coco
- 2 carottes des sables
- ½ bouquet de coriandre
- 1 c. à s. de curry vert
- 1 c. à s. de gingembre moulu (ou petit morceau d'1 cm frais)
- 1 bâton de citronnelle (ou en morceaux)
- 2 c. à s. de nuoc-mâm
- 1 trait de sauce soja salée
- 1 c. à c. de fumet de poisson
- Zestes et jus d'½ citron vert
- 1 c. à s. de mélange pour wok thaï
- 1 c. à s. d'huile d'olive
- Poivre Timut ou 5 baies

1. Lavez, pelez et coupez les carottes en tronçons et faites-les cuire dans l'eau bouillante salée environ 15 minutes. À 5 minutes de cuisson, ajoutez les pois gourmands et les petits pois écossés et lavés. Égouttez tous les légumes et plongez-les dans l'eau froide. Égouttez à nouveau et réservez.

2. Mélangez une c. à c. de fumet de poisson déshydraté avec 20 cl d'eau chaude et réservez.

3. Pelez et émincez les oignons et l'ail et faites-les suer dans un trait d'huile d'olive. Ajoutez le gingembre et la pâte de curry vert, mélangez et mouillez à hauteur avec le fumet de poisson. Incorporez la citronnelle, les zestes et jus du citron vert et la crème de coco, et portez à ébullition.

4. Baissez le feu et déposez les morceaux de poisson dans la sauce, laissez cuire environ 10 minutes. Si le poisson est encore un peu rosé, prolongez de 2 à 3 minutes. Arrosez de sauce soja et nuoc-mâm et ajoutez une c. à s. du mélange pour wok thaï et les légumes (pois et carottes).

5 Servez dans des assiettes creuses et parsemez d'herbes ciselées.

ASTUCE CULINAIRE

Pour une version plus complète, accompagnez le poisson de riz blanc, riz complet ou lentilles blondes, à bien rincer et à faire cuire dans de l'eau bouillante salée.

Lasagnes de poulet

épinards et parmesan

viande

Pour 4 personnes | Préparation : 20 minutes | Cuisson : 40 minutes

INGRÉDIENTS :

- 125 g de lasagnes fraîches (rayon pâtes fraîches) ou sèches
- 4 blancs de poulet
- 150 g de parmesan
- 1 oignon
- 4 grosses poignées d'épinards
- 300 g de champignons blonds
- 50 cl de crème de soja
- Huile d'olive, sel, poivre

1. Rincez et équeutez les épinards. Pelez et émincez finement l'oignon. Coupez le poulet en fines lamelles.
2. Versez un trait d'huile d'olive dans une poêle chaude, ajoutez les oignons puis le poulet et laissez dorer. Incorporez 50 g de parmesan, puis la crème en mélangeant entre chaque ajout. Ajoutez enfin les épinards et les champignons et laissez cuire encore 5 minutes.
3. Pendant ce temps, préchauffez votre four à 180° (th.6). Versez un trait de crème dans le fond de votre plat puis une première couche de pâtes. Versez la moitié de votre préparation, un trait de crème, une seconde couche de pâtes, la deuxième et dernière partie de votre préparation, un trait de crème, une dernière couche de pâtes, la fin de la crème et du parmesan.
4. Enfournez 20 ou 25 minutes selon la puissance de votre four (+ 10 ou 15 minutes si vos lasagnes étaient sèches).

RECETTE BONUS

S'il vous reste des champignons, préparez une entrée. Essuyez-les avec du papier absorbant, émincez-les finement et disposez-les en rosace dans une petite assiette. Arrosez d'huile de noisette, de jus de citron et terminez par quelques copeaux de parmesan.

Biryani de poulet

naans maison

viande

Pour 6 personnes | Préparation : 45 minutes | Cuisson : 45 minutes

Ingrédients :

- 6 blancs de poulet
- 600 g de riz basmati
- 3 oignons blancs
- 1 gousse d'ail
- 1 c. à c. de cannelle
- 1 c. à c. de piment
- 3 c. à c. de gingembre moulu (ou 50 g de gingembre frais)
- 2 c. à c. de cardamome
- 2 c. à c. de curcuma
- 2 c. à c. de paprika
- 1 c. à c. de graines de cumin (ou moulu)
- 1 dose de safran
- 1 verre d'huile de pépin de raisin
- 1 botte de coriandre fraîche
- 1 poignée d'amandes effilées
- 1 poignée de raisins secs
- Sel et poivre

Pour les naans

- 300 g de farine
- 5,5 g de levure chimique
- 1 yaourt nature
- 10 cl d'eau tiède
- 1 c. à s. d'huile
- 1 pincée de sel

Pour la sauce

- 2 fromages blancs 0 %
- 2 c. à s. de curry

1. Rincez le riz. Portez à ébullition une casserole d'eau puis faites-le cuire 10 minutes. Égouttez et réservez.
2. Pendant la cuisson, réalisez vos naans. Mélangez la farine, la levure, le yaourt, le sel, l'huile et l'eau tiède. Pétrissez jusqu'à l'obtention d'une pâte molle. Laissez reposer 10 minutes et séparez la pâte en 6 parts égales avant de les aplatir. Placez les galettes dans une poêle bien chaude sans matière grasse et faites-les cuire 3 minutes sur chaque face.
3. Lavez, pelez et émincez les oignons, l'ail et le gingembre (si frais). Mettez les raisins secs à gonfler dans un bol d'eau tiède. Torréfiez les amandes dans une poêle chaude sans matière grasse et surveillez bien, car cela brûle vite.

4. Coupez les blancs de poulet en lamelles. Faites suer les oignons et l'ail dans un faitout avec un trait d'huile, ajoutez le poulet, les épices, salez, poivrez et colorez toutes les faces. Mettez de l'eau à hauteur et laissez mijoter à feu doux environ 30 minutes. Remuez régulièrement.
5. Dressez avec le riz et quelques petits raisins, les amandes effilées torréfiées ainsi que la coriandre ciselée. Accompagnez de la sauce fromage blanc-curry et des naans.

RECETTE BONUS

Si vous le souhaitez, vous pouvez garnir vos naans de fromage frais. Pour cela, tartinez-en sur les galettes avant cuisson, puis rabattez les bords pour refermer et reformer une galette.

Tarte aux fraises

sans cuisson et presque sans sucre

sucré

Pour 6 personnes | Préparation : 20 minutes | Cuisson : 1 heure

INGRÉDIENTS :

- 200 g de gâteaux thé
- 500 g de fraises
- 100 g de beurre demi-sel fondu
- 250 g de mascarpone (ou 3 petits-suisses)
- 10 feuilles de menthe fraîche
- 2 c. à s. de sirop d'agave (ou 10 pressions de Délisucré)
- Zestes d'un citron vert
- 50 g de sucre blanc

1. Lavez, équeutez et coupez les fraises en deux. Réservez.
2. Mixez les biscuits et ajoutez le beurre fondu, mélangez et tapissez le fond de votre moule à manqué (avec charnières). Placez au réfrigérateur au moins une heure.
3. Mélangez le zeste de citron vert avec le sirop d'agave et fouettez avec le mascarpone (ou les petits-suisses), puis placez aussi au réfrigérateur, en même temps que le fond de tarte.
4. Sortez le fond de tarte du réfrigérateur et démoulez délicatement, puis sortez à son tour la préparation crémeuse et garnissez le fond de tarte avec la préparation. Recouvrez la surface avec les morceaux de fraises.
5. Mixez le sucre blanc pour faire votre sucre glace et finalisez en le tamisant sur la tarte.

ASTUCE CULINAIRE

Pour alléger vos desserts, vous pouvez utiliser du Délisucré disponible en grande surface. C'est un sucre naturel sain et gourmand et à indice glycémique bas. Vous pouvez aussi ajouter quelques copeaux de chocolat (moins light) et/ou de la menthe ciselée.

Clafoutis
cerises et noisettes

sucré

Pour 6 personnes | Préparation : 15 minutes | Cuisson : 40 minutes

INGRÉDIENTS :

- 500 g de cerises
- 4 œufs
- 110 g de sucre de coco
- 100 g de farine de riz
- 30 cl de lait de riz
- 80 g de poudre de noisette
- 40 g de noisettes
- 10 g de beurre pour le moule
- 2 c. à c. de sucre glace

1. Préchauffez le four à 180 °C (th.6). Beurrez et sucrez le plat.
2. Lavez, équeutez et séchez dans un torchon les cerises. Répartissez-les dans le fond du plat.
3. Battez les œufs avec le sucre, ajoutez la farine et la poudre de noisette, mélangez et versez le lait.
4. Concassez les noisettes avec un couteau.
5. Versez l'appareil sur les cerises. Parsemez la surface de noisettes et enfournez 40 minutes.
6. Sortez le clafoutis du four, laissez refroidir et saupoudrez de sucre glace au moment de servir.

ASTUCE CULINAIRE

Si vous préférez dénoyauter les cerises, utilisez un dénoyauteur ou, à défaut, une bouteille et une paille en inox. Placez la cerise sur le goulot de la bouteille et appuyez sur le noyau avec la paille jusqu'à ce que celui-ci tombe dans la bouteille.

BAKERY

Energy balls
façon carrot cake et coco

sucré

Pour 10 energy balls | Préparation : 15 minutes | Réfrigération : 2 heures

INGRÉDIENTS :

- 150 g de carottes
- 50 g de flocons d'avoine
- 60 g de dattes medjool dénoyautées
- Jus d'une demi-orange
- 1 poignée de noix de pécan
- ½ c. à c. de cannelle
- 8 c. à s. de coco râpée (pour l'enrobage)
- 1 pincée de fleur de sel

1. Râpez les carottes et mélangez avec les flocons d'avoine, les dattes, les noix de pécan, le jus d'orange, la cannelle et la fleur de sel. Mixez bien le tout jusqu'à l'obtention d'une préparation homogène.
2. Avec la pâte obtenue, formez de petites boules entre vos mains et roulez-les dans la poudre de coco.
3. Réservez au réfrigérateur deux heures minimum avant la dégustation.

CONSEIL ET FOCUS PRODUIT

Vous pouvez placer les energy balls dans une boîte hermétique au réfrigérateur et les conserver 2-3 jours. Ces délicieuses petites bouchées permettent de lutter contre les petits coups de fatigue dans la journée. Peu sucrées, elles apportent des glucides à index glycémique bas, des lipides bons pour le cœur et présentent certains atouts pour la santé, avec leur apport en minéraux, en antioxydants protecteurs et en fibres pour le transit.

L'été

Beaucoup de couleurs

Samoussas végétariens

sauce raïta maison

végétarien

Pour 4 personnes | Préparation : 25 minutes | Cuisson : 20 minutes

Ingrédients :

- 4 feuilles de brick rondes
- 300 g de lentilles corail
- 100 g de tomates pelées
- 1 gousse d'ail
- 1 oignon rouge
- 1 c. à s. de gingembre moulu
- 1 c. à c. de cumin
- 1 c. à c. de curry
- 1 c. à c. de cardamome moulue
- 1 pincée de piment de Cayenne
- 40 cl de crème de coco
- 1 bâton de citronnelle
- 1 bouquet de coriandre fraîche
- Huile de wok thaï
- Jus d'un demi-citron vert
- Sel, poivre

Sauce raïta

- 250 ml de fromage blanc 0 %
- 1 concombre pelé, épépiné et haché finement
- 1 tomate
- ½ gousse d'ail
- 2 c. à c. de cumin
- Aneth frais
- Sel, poivre

1. Faites cuire les lentilles dans l'eau bouillante salée environ 10 minutes. Égouttez et réservez.
2. Pelez et émincez l'oignon et l'ail. Faites-les revenir dans un trait d'huile.
3. Ajoutez les épices et un filet de crème de coco, remuez une minute. Incorporez les lentilles corail et le reste de la crème de coco, faites mijoter 10 minutes.
4. Déposez les épinards dans la préparation avec la coriandre, salez, poivrez et mélangez. Prolongez la cuisson de 5 minutes.
5. Pour le montage de vos samoussas, suivez le schéma ci-dessous puis huilez les feuilles de brick et enfournez 15 ou 20 minutes à 180 °C (selon votre four, surveillez bien).

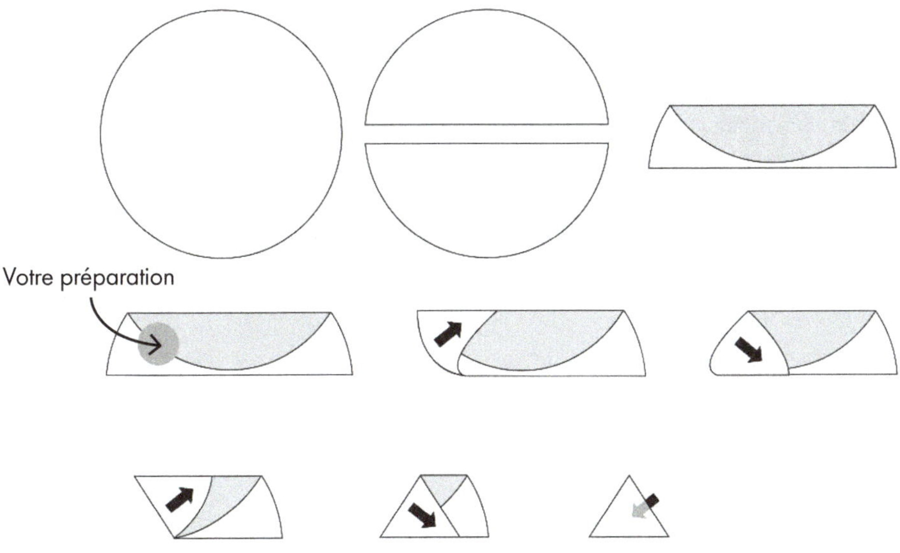
Votre préparation

Millefeuille d'aubergines à la mozzarella

viande

speck et basilic

Pour 4 personnes | Préparation : 15 minutes | Cuisson : 25 minutes

INGRÉDIENTS :

- 2 aubergines
- 200 g de farine de riz
- ½ c. à c. de piment en poudre
- 4 boules de mozzarella
- 4 tranches de speck
- ½ botte de basilic
- 500 g de tomates pelées
- 1 morceau de parmesan
- Huile d'olive, sel, poivre

1. Lavez et épluchez les aubergines avant de les trancher en fines rondelles. Disposez-les sur une plaque recouverte de papier cuisson. Ajoutez un filet d'huile d'olive, du sel, du poivre et le piment, et enfournez 15 minutes à 200 °C.
2. Mixez les tomates, ajoutez un trait d'huile d'olive, salez et poivrez. Faites réduire une dizaine de minutes dans une casserole avec quelques feuilles de basilic.
3. Égouttez les boules de mozzarella sur du papier absorbant et tranchez-les finement.
4. Montez les millefeuilles à l'aide d'un emporte-pièce. Commencez par une tranche d'aubergine puis une couche de sauce tomate, une tranche de mozzarella et la moitié d'une tranche de speck. Recommencez l'opération une autre fois et terminez par une tranche d'aubergine et du parmesan râpé. Enfournez à 200 °C pendant 10 minutes.
5. Servez en ajoutant une petite feuille de basilic sur le dessus des millefeuilles.

ASTUCE CULINAIRE

Pour la version végétarienne, remplacez le speck par d'autres légumes, comme de la courgette.

Taboulé vert

chou romanesco, brocoli, concombre et herbes fraîches

végétarien

Pour 6 personnes | Préparation : 20 minutes | Sans cuisson

INGRÉDIENTS :

- 250 g de fleurettes de chou romanesco
- 250 g de fleurettes de brocoli
- 2 concombres
- ½ botte de persil plat
- ½ botte de coriandre
- 2 échalotes
- 2 c. à s. de pistaches non salées
- 2 c. à s. de raisins de Corinthe
- 1 citron jaune
- 2 c. à s. d'huile d'olive
- Quelques feuilles de menthe
- Sel, poivre

1. Lavez et détachez les fleurettes du brocoli et du chou romanesco. Mixez-les grossièrement.
2. Lavez, pelez et épépinez les concombres, puis coupez-les en petits dés. Pelez et ciselez finement les échalotes. Mélangez à la préparation mixée.
3. Concassez les pistaches.
4. Ajoutez l'huile d'olive, le jus de citron, les pistaches concassées et les raisins de Corinthe.
5. Salez, poivrez et terminez par les herbes fraîches ciselées grossièrement.

ASTUCE CULINAIRE

Si vous souhaitez préserver au maximum les vitamines du concombre et donner un caractère graphique à votre assiette, vous pouvez ne peler qu'une bande sur deux de la peau du concombre à l'aide d'un économe large.

Bœuf façon thaï

carpaccio de tomate cornue et citronnelle

viande

Pour 4 personnes | Préparation : 30 minutes | Cuisson : 5 minutes

INGRÉDIENTS :

- 400 g de filet de bœuf
- 2 échalotes
- 2 bâtons de citronnelle
- 1 poignée de cacahuètes
- ½ bouquet de coriandre ou menthe
- 6 tomates cornues (ou cœur de bœuf)
- 1 c. à s. de sauce nuoc-mâm
- 1 c. à s. de sauce soja salée
- 1 citron vert
- 1 c. à s. de sirop d'agave
- 1 c. à c. de piment
- Huile de sésame, poivre

1. Snackez la viande dans deux traits d'huile de sésame pendant 3 minutes, ajoutez les sauces nuoc-mâm, soja, le jus du citron vert, le sirop d'agave, le piment et le poivre. Coupez-la en fines lamelles et dressez. Arrosez avec la sauce restante.
2. Lavez et coupez les tomates en fines rondelles et disposez-les à côté de la viande.
3. Pelez et ciselez les échalotes et parsemez-les sur les tomates avec les herbes fraîches ciselées ainsi que les cacahuètes grossièrement concassées.

FOCUS

Les tomates cornues sont des tomates savoureuses qui se récoltent à la mi-juillet. Les fruits de 80 à 150 g sont en forme de piment et ont une chair ferme, dense et peu de graines.

Moussaka d'aubergines

rhubarbe et amandes

végétarien

Pour 4 personnes | Préparation : 30 minutes | Cuisson : 1 heure

INGRÉDIENTS :

- 500 g de rhubarbe
- 400 g de pois chiche cuits
- 500 g de tomates concassées
- 1 belle aubergine
- 1 oignon blanc
- 1 gousse d'ail
- 30 g d'amandes concassées
- 1 c. à c. de cannelle
- 1 c. à c. de ras el-hanout
- 1 pincée de piment de Cayenne
- 1 c. à c. de gingembre
- 2 c. à s. de sucre roux
- 3 c. à s. d'huile d'olive
- Coriandre ou persil plat

Pour la crème d'amande

- 60 g de fécule de maïs
- 750 g de lait d'amande
- 1 c. à s. de margarine végétale
- 1 pincée de noix de muscade
- 1 poignée d'emmental râpé
- Sel, poivre

1. Préchauffez votre four à 200 °C (th.7). Rincez et essuyez l'aubergine, enlevez son pédoncule et tranchez-la en fines rondelles. Disposez-les sur une plaque allant au four, arrosez d'un trait d'huile d'olive, salez, poivrez et enfournez 15 minutes (faites-les dorer). Sortez du four et réservez.

2. Pendant ce temps, rincez et égouttez les pois chiches, et lavez et coupez la rhubarbe en tronçons de 1 cm. Épluchez et émincez les oignons et l'ail. Faites-les revenir dans un trait d'huile d'olive et ajoutez les épices, sauf la cannelle. Ajoutez les pois chiches, le sucre et la rhubarbe. Incorporez les tomates concassées. Mélangez. Salez, poivrez et terminez par la cannelle. Mélangez à nouveau et laissez mijoter à feu doux.

3. Pour réaliser la crème, faites fondre la margarine et ajoutez la fécule de maïs. Remuez puis incorporez le lait d'amande progressivement et fouettez jusqu'à l'obtention d'une crème onctueuse sans grumeaux. Salez, poivrez et ajoutez la muscade et l'emmental râpé. Mélangez à nouveau.

4. Pour le dressage, tapissez le fond de votre plat avec les aubergines, recouvrez avec la préparation pois chiche-rhubarbe et la crème d'amande. Répétez l'opération et terminez par une couche de préparation pois chiche-rhubarbe. Parsemez d'emmental râpé et enfournez 45 minutes.

ASTUCE CULINAIRE

Pour une version avec viande, remplacez les pois chiches par 500 g de viande d'agneau hachée.

Rouleaux de printemps (d'été)

végétarien

pêche, chou rouge et fleurs

Pour 4 personnes | Préparation : 35 minutes | Sans cuisson

INGRÉDIENTS :

- 10 feuilles de riz
- 3 pêches jaunes
- ¼ de chou rouge
- 1 citron vert
- 2 poignées de roquette
- Menthe
- Fleurs comestibles

Pour la sauce

- 4 c. à s. d'huile de sésame
- 5 c. à s. de beurre de cacahuète
- 1 citron
- 4 c. à s. de tamari ou soja

1. Lavez et râpez le chou rouge et mélangez le jus et les zestes du citron vert. Réservez.
2. Lavez, pelez et coupez la pêche en lamelles. Réservez.
3. Remplissez un grand saladier d'eau chaude. Trempez les feuilles de riz en deux temps (5 puis 5 autres), puis étalez-les sur un linge propre et sec.
4. Disposez au milieu de chacune des feuilles un peu de roquette, quelques feuilles de menthe, 1 ou 2 belle(s) lamelle(s) de pêche et du chou rouge.
5. Commencez par replier les bords gauche et droit, puis roulez en serrant bien. Réservez dans un linge humide.
6. Préparez la sauce en mixant l'huile de sésame, le beurre de cacahuète, le jus de citron et le tamari. Ajustez la consistance selon vos goûts en ajoutant ou pas un peu de jus de citron.

CONSEIL

Si vous en trouvez, vous pouvez remplacer les feuilles de menthe par des feuilles de shizo, un basilic japonais. Et comme il n'est pas facile à trouver, vous pouvez le faire sécher, dans un endroit sec ou le congeler.

1
2
3
4
5
6

Blésotto

crème de citron et parmesan

végétarien

Pour 4 personnes | Préparation : 10 minutes | Cuisson : 35 minutes

Ingrédients :

- 400 g de perles de blé
- 1,5 l de bouillon de légumes
- 150 g de mascarpone
- 1 oignon
- 1 verre de vin blanc
- 1 citron jaune bio
- 2 ou 3 branches de cerfeuil frais
- Huile d'olive, sel, poivre

1. Pelez, ciselez et faites dorer l'oignon dans un trait d'huile d'olive. Ajoutez le blé et dorez. Salez et poivrez.
2. Arrosez avec le verre de vin blanc et le jus de citron, mélangez puis recouvrez avec 2 ou 3 louches de bouillon de légumes – le bouillon est à ajouter au fur et à mesure de la cuisson. Laissez à couvert 30 minutes.
3. Une fois le blé cuit, incorporez le mascarpone et mélangez. Servez à l'assiette avec des zestes de citron et du cerfeuil ciselé.

ASTUCE

Cette recette marche également avec du riz rond pour réaliser un risotto, mais aussi avec de l'orge ou même des pâtes.

Pizza sans gluten

pâte de brocoli, tomate et ricotta

végétarien

sans gluten

Pour 4 personnes | Préparation : 15 minutes | Cuisson : 35 minutes

INGRÉDIENTS :

Pour la pâte

- 1 brocoli
- 1 œuf
- 60 g de parmesan râpé
- Feuilles de basilic
- Fleur de sel, poivre 5 baies

Pour la garniture

- 200 g de ricotta
- 4 c. à s. de tomates concassées
- 3 tomates
- 1 morceau de parmesan
- 1 oignon rouge
- 1 poignée de roquette
- 1 c. à s. de graines de sarrasin

1. Lavez le brocoli, ôtez les feuilles et détachez les fleurettes. Mixez-les jusqu'à l'obtention d'une fine semoule.
2. Dans un saladier, mélangez le brocoli râpé avec l'œuf, le parmesan et les feuilles de basilic ciselées, la fleur de sel et le poivre.
3. Déposez la pâte sur une feuille de papier cuisson, aplatissez et formez un beau cercle. Saupoudrez d'un peu de parmesan. Enfournez 15 minutes à 180 °C (th.6).
4. Pendant ce temps, torréfiez les graines de sarrasin dans une poêle bien chaude sans matière grasse ; attention, surveillez bien !
5. Sortez la pâte du four et ajoutez les tomates concassées, les tomates coupées en fines rondelles, l'oignon rouge, la ricotta. Enfournez à nouveau 15 minutes.
6. Sortez la pizza du four et ajoutez la roquette, le reste du basilic, un trait d'huile d'olive et quelques copeaux de parmesan et les graines de sarrasin torréfiées.

CONSEIL PRATIQUE

L'excédent de pâte se conserve très bien au frais 48 heures ou au congélateur.

the best papoutch

Tataki de saumon laqué aux graines de chia

poisson

pickles de courgette et betterave

Pour 4 personnes | Préparation : 45 minutes | Cuisson : 10 minutes

Pickles à préparer la veille

INGRÉDIENTS :

Pour la pâte

- 4 pavés de saumon de 150 g chacun
- 2 c. à s. de graines de chia
- 2 c. à s. de miel
- 5 c. à s. de sauce soja sucrée
- 2 c. à s. d'huile pour wok thaï ou sésame
- 2 c. à c. de gingembre
- Fleur de sel, poivre

Pour les pickles

- 1 courgette
- 1 betterave cuite
- 40 cl d'eau
- 50 de cassonade
- 1 c. à c. de baies roses
- 50 cl de vinaigre blanc
- Persil plat

1. Réalisez les pickles de courgette et de betterave au moins 24 heures avant. Dans une casserole, portez à ébullition l'eau et le vinaigre, les baies et les herbes, la cassonade et la fleur de sel. Mélangez jusqu'à ce que la cassonade soit dissoute. Placez la préparation dans un bocal en verre et refermez hermétiquement.
2. Le lendemain, pour préparer le tataki, vérifiez bien qu'il n'y a plus d'arêtes dans le saumon, sinon enlevez-les à l'aide d'une pince. Ôtez la peau.
3. Mettez les pavés de saumon dans un plat avec une marinade de miel, sauce soja, huile et gingembre. Ajoutez les graines de chia sur une face, filmez le plat et placez au réfrigérateur 30 minutes minimum.

4 Faites revenir les pavés dans un trait d'huile environ 2 minutes sur une face 1 minute sur l'autre (ou un peu plus si vous aimez plus cuit).

5 Laissez tiédir puis, à l'aide d'un couteau bien aiguisé, coupez le saumon en tranches. Servez avec de l'aneth ciselé, les pickles et une c. à c. de crème épaisse ou de soja (plus léger).

Compote abricots et miel

sablé au sarrasin

sucré

Pour 4 personnes | Préparation : 15 minutes | Cuisson : 35 minutes
Réfrigération : 1 heure

Ingrédients :

Pour la compote

- 500 g d'abricots
- ½ citron pressé
- 3 c. à s. de miel
- 2 pincées de vanille en poudre (selon le goût)

Pour les sablés

- 1 œuf
- 60 g de sucre roux
- 100 g de farine de sarrasin complète
- 50 g de farine de petit épeautre
- ½ sachet de levure chimique
- 80 g de beurre demi-sel

1. Mélangez les farines et la levure. Ajoutez le sucre puis le beurre en morceaux et mélangez avec les doigts. Ajoutez l'œuf, mélangez. Boulez, filmez et laissez reposer une heure au frais.
2. Pendant ce temps, réalisez la compote. Lavez les abricots, ôtez le noyau et coupez-les en 4. Faites-les cuire dans un fond d'eau et de jus de citron avec le miel et la vanille en poudre si vous le souhaitez. Laissez mijoter à feu doux environ 15 minutes. Si vous aimez les morceaux, laissez tiédir comme cela ; sinon, mixez les fruits.
3. Étalez la pâte sur 8 mm et découpez-la à l'aide d'un emporte-pièce ou d'un verre. Déposez les ronds de pâte sur une plaque recouverte de papier cuisson et enfournez 20 minutes à 180 °C.
4. Dégustez la compote tiède ou froide (sortie du réfrigérateur) avec quelques sablés au sarrasin.

CONSEIL

Vous pouvez aussi aromatiser la compote aux 4 épices moulues ou à la cannelle en plaçant deux bâtons de cannelle dans la casserole avec les fruits et en laissant infuser.

Mousse de fraises

feuilles de menthe fraîche

sucré

Pour 4 personnes | Préparation : 20 minutes | Cuisson : 10 minutes | Réfrigération : 1 h 30

INGRÉDIENTS :

- 250 g de fraises (plutôt Gariguettes)
- 50 g de fromage blanc 0 %
- 30 g de sucre de palmier
- 20 cl de crème liquide bien froide
- 3 feuilles de gélatine végétale ou 2 g d'agar-agar
- Menthe

1. Placez les fouets de votre batteur et un saladier au congélateur. Lavez et équeutez les fraises, puis répartissez-les en quatre petits tas égaux.
2. Si vous avez opté pour la gélatine, faites-la ramollir dans un bol d'eau froide.
3. Mixez deux tas de fraises avec le sucre.
4. Faites chauffer un autre petit tas à feu doux. Une fois que vous avez une compotée, vous pouvez ajouter, hors feu, l'agar-agar (ou la gélatine égouttée). Mélangez bien. Ajoutez les fraises mixées et le fromage blanc.
5. Sortez les fouets et le saladier du congélateur et fouettez la crème jusqu'à ce qu'elle soit ferme, puis incorporez-la délicatement à la première préparation.
6. Versez dans des ramequins ou des verrines et placez au frais au moins 1 h 30 à 2 heures. Décorez avec les fraises restantes et un peu de menthe ciselée.

FOCUS PRODUIT

Vous pouvez choisir la gariguette, la star des fraises. Ce rubis naturel est très précoce, il a une chair juteuse et fondante et son goût est bien sucré ! Vous pouvez aussi opter pour l'étoile montante du jardin, la mara des bois, plus petite et plus tardive, mais à la chair tendre et au goût plus reconnaissable et typique des fraises des bois

Tartelette aux mirabelles

fromage blanc vanillé

sucré

sans gluten

Pour 4 personnes | Préparation : 30 minutes | Cuisson : 45 minutes

INGRÉDIENTS :

Pour la pâte sablée vegan

- 250 g de farine de riz complète
- 60 g d'huile d'olive ou colza
- 1 pincée de fleur de sel
- 80 g de sucre de coco
- 30 ml d'eau

Pour la garniture

- 200 g de mirabelles
- 80 g de fromage blanc 0 %
- 1 sachet de sucre vanillé
- 30 g de beurre mou
- 1 c. à c. de farine de riz

1. Réalisez votre pâte en mélangeant du bout des doigts la farine, le sucre, l'huile et la fleur de sel. Ajoutez de l'eau si la pâte est trop sèche ou de la farine si elle est trop humide. Formez une boule, filmez et laissez reposer 30 minutes au frais.
2. Pendant ce temps, lavez et dénoyautez les mirabelles, coupez-les en deux et réservez.
3. Sortez la boule du réfrigérateur et divisez-la en 4 morceaux, étalez-les et, avec des moules à tartelette, préparez-en 4.
4. Mélangez le fromage blanc avec les ¾ du sucre vanillé et la c. à c. de farine, puis répartissez la préparation sur les 4 pâtes.
5. Déposez les mirabelles côté peau en dessous, saupoudrez avec le sucre restant et enfournez 15 minutes au four à 180 °C.

ASTUCE

Vous pouvez aussi mixer les farines pour varier les plaisirs, comme de la farine de riz et de châtaigne.

Petits cadeaux

De nouvelles recettes en bonus
rien que pour vous

Tarte d'hiver potiron, burrata et thym

végétarien

vs tarte d'été courgettes, burrata et piment d'Espelette

Pour 4 personnes | Préparation : 15 minutes | Cuisson : 25 minutes

INGRÉDIENTS :

- 1 pâte brisée
- 400 g de potiron
- 50 g de parmesan
- 3 c. à s. d'huile de colza bio (ou huile d'olive)
- 250 g de burrata
- Fleur de sel
- Poivre 5 baies
- Thym
- 1 œuf pour la dorure

1. Lavez le potiron, épluchez-le et coupez-le en tagliatelles avec un large économe. Faites-les cuire 15 minutes dans l'eau bouillante salée.
2. Préchauffez le four à 180 °C (th.6).
3. Étalez la pâte sur une plaque de cuisson recouverte de papier sulfurisé. Tapissez le fond de tarte avec le parmesan en laissant un bord de 3-4 cm.
4. Ajoutez le potiron, arrosez-le d'huile. Salez, poivrez et parsemez de thym. Repliez les bords grossièrement.
5. Battez le jaune d'œuf et badigeonnez les bords de la tarte avec un pinceau. Enfournez 30 minutes. Surveillez bien !
6. Sortez la tarte du four, laissez tiédir. Déposez la burrata au centre de la tarte puis ouvrez-la. Salez et poivrez.

FOCUS PRODUIT ET BONUS

La burrata est native de la région des Pouilles en Italie, tout comme la famille Di Giulio. Elle est fabriquée avec du lait de vache et dévoile en son cœur une crème généreuse et délicieuse. Attention, c'est calorique, donc à consommer avec modération.

En été, échangez le potimarron avec des courgettes et le thym avec du piment d'Espelette.

Petit épeautre au lait de coco

tagliatelles de courgettes verte et jaune et radis ronds

végétarien

Pour 4 personnes | Préparation : 15 minutes | Cuisson : 25 minutes

INGRÉDIENTS :

- 250 g de petit épeautre
- 1 échalote
- 1 courgette verte
- 1 courgette jaune
- 4 radis ronds
- 20 cl de lait ou crème de coco
- ½ cube de bouillon de légumes
- Coriandre fraîche
- Huile pour wok thaï
- Fleur de sel, poivre 5 baies

1. Rincez le petit épeautre.
2. Pelez l'échalote et émincez-la finement. Faites-la suer dans un filet d'huile. Ajoutez le petit épeautre et faites dorer. Salez et poivrez.
3. Mouillez à hauteur, ajoutez le cube de bouillon, mélangez et portez à ébullition. Baissez et laissez cuire à couvert environ 30 minutes.
4. Pendant ce temps, lavez les courgettes et les radis. Faites des tagliatelles de courgette avec un économe à large lame. Tranchez les radis en fines rondelles.
5. En fin cuisson, ajoutez le lait de coco, mélangez et laissez encore 5 minutes à feu doux.
6. Dressez le petit épeautre à l'emporte-pièce, ajoutez les courgettes et radis, une c. à c. d'huile (ou pas) et de la coriandre fraîche ciselée.

FOCUS MODE ALIMENTAIRE

La *raw food*, autrement appelé crudivorisme des temps modernes, consiste à manger de la nourriture crue ou peu cuite (42°), principalement des fruits et des légumes. Les aliments sont d'origine 100 % naturelle, non raffinés et non industrialisés, ils sont bios et sans sucre ajouté.

Légumes d'été et féta

rôtis au four

végétarien

Pour 4 personnes | Préparation : 15 minutes | Cuisson : 25 minutes

INGRÉDIENTS :

- 1 aubergine
- 1 courgette
- 1 tomate cœur-de-bœuf
- 1 tomate jaune
- 1 oignon rouge
- 1 grappe de tomates cerises
- 1 feta nature
- Huile d'olive, poivre

1. Lavez tous les légumes. Coupez la courgette, l'aubergine et les tomates en rondelles. Émincez l'oignon rouge.
2. Déposez les légumes émincés et la grappe de tomates cerises sur une plaque de cuisson recouverte de papier sulfurisé.
3. Arrosez d'huile d'olive. Émiettez la féta et poivrez. Enfournez 30 minutes à 180 °C (th.6).

ASTUCE CULINAIRE

Cette recette fonctionne toute l'année. Il vous suffit d'adapter les légumes à la saison. Vous pouvez également ajouter du citron et du piment d'Espelette.

Gâteau pommes-poires

sans gluten mais avec amour

végétarien

sans gluten

Pour 4 personnes | Préparation : 15 minutes | Cuisson : 25 minutes

INGRÉDIENTS :

- 4 poires ou 1 boîte de poires au sirop
- 150 g de compote de pommes
- 150 g de flocons d'avoine
- 200 g de fromage blanc 0 %
- 4 œufs
- 2 c. à s. de miel liquide
- 1 sachet de levure chimique
- ½ sachet de pépites de chocolat

1. Mixez les flocons d'avoine, puis ajoutez la compote, le fromage, blanc, les 4 œufs, la levure chimique et le miel. Mixez à nouveau.
2. Lavez, pelez et coupez les poires en petits morceaux. Incorporez-les à la préparation avec les pépites de chocolat.
3. Versez la préparation dans un moule à gâteau en silicone ou dans un moule tapissé de papier cuisson (cela évite d'ajouter de la matière grasse sur le moule) et enfournez 45 minutes à 180 °C (th.6). Selon la puissance de votre four et si vous préférez plus cuit, ajoutez 5 ou 10 minutes. Surveillez bien.

FOCUS PRODUIT

L'avoine a de puissantes vertus, notamment sur le cholestérol et l'insuline. Il est riche en fibres, donc bon pour le transit et idéal pour une jolie peau.

Remerciements

**Pour cette belle aventure,
je me suis merveilleusement bien entourée.**

Je voudrais remercier **Thibault** (@tibophoto) pour les photographies food et portraits, pour sa bonne humeur même les jours de pluie, les jours de neige, les jours avec et les jours sans, et **Marion** (éditions Kiwi) pour son accompagnement et son écoute.

Chaque jour, je découvre des personnes fantastiques, vraies et passionnées... MERCI !

Sophie (@soba_et_sarrasin) pour les nouilles soba, les ravioles de sarrasin et nos échanges « vis ma vie d'entrepreneur food à Nantes » ; **Karine** (@unamourdefruits) pour ses fruits et légumes, sa confiance et sa passion pour ma cuisine ; **Bénédicte** (@amincissementbgirard) pour ses massages divins, son accompagnement et sa transmission de savoir ; **Victoria** (@chez_june, @junechezvous) pour la mise à disposition de sa cuisine et son accueil solaire au sein de la cantine healthy ; mes coachs sportifs, **Guillaume** pour le fitness (@gpc_sportsante) qui me motive à chaque saison et **Hugo** pour le tennis (@snuctennis) qui s'est gentiment levé tôt chaque semaine pour m'entraîner.

Love...

Et puis, je voudrais remercier encore une fois **ma famille et mes cops** pour leur vaisselle (parfois), leurs palais avisés (ou pas), leur confiance, leurs encouragements, leurs « mais si, tu vas y arriver », leurs « t'es sûre de ta recette, là ? » et leurs « il sort quand, ton livre ? J'ai trop hâte ». Surtout, **MERCI** pour tout leur amour.

Dépôt légal : décembre 2022
Achevé d'imprimer par Books Factory en novembre 2022